असी से जैन घाट तक

KASHI KE GHATON SE YATRA

AF093495

डॉ० जगदीश पिल्लई

Copyright © Dr. Jagadeesh Pillai
All Rights Reserved.

This book has been published with all efforts taken to make the material error-free after the consent of the author. However, the author and the publisher do not assume and hereby disclaim any liability to any party for any loss, damage, or disruption caused by errors or omissions, whether such errors or omissions result from negligence, accident, or any other cause.

While every effort has been made to avoid any mistake or omission, this publication is being sold on the condition and understanding that neither the author nor the publishers or printers would be liable in any manner to any person by reason of any mistake or omission in this publication or for any action taken or omitted to be taken or advice rendered or accepted on the basis of this work. For any defect in printing or binding the publishers will be liable only to replace the defective copy by another copy of this work then available.

गुरुर्ब्रह्मा गुरुर्विष्णुः गुरुर्देवो महेश्वरः, गुरुः साक्षात् परब्रह्म तस्मै श्री गुरवे नमः॥

༺ ༻

क्रम-सूची

प्रार्थना vii

प्रस्तावना ix

लेखक का परिचय xi

1. असी 1

खण्ड 1

2. गंगा महल घाट 5

खण्ड 2

3. रीवाघाट 9

खण्ड 3

4. तुलसीघाट 13

खण्ड 4

5. लोलार्क कुण्ड घाट 17

खण्ड 5

6. भदैनी घाट 21

खण्ड 6

7. जानकी घाट 25

खण्ड 7

8. आनन्दमयी घाट 29

खण्ड 8

9. वच्छराज घाट 33

खण्ड 9

10. जैन घाट 37

• v •

क्रम-सूची

खण्ड 10

प्रार्थना

गंगा तरंग रमणीय जटा कलापं।
गौरी निरंतर विभूषित वाम भागम्।।
नारायण प्रियमनंग मदापहारं।
वाराणसी पुरपतिं भज् विश्वनाथम्।।

प्रस्तावना

काशी में रहने वाले एवं काशी में आने वाले लोगों को काशी के प्रमुख घाटों का इतिहास को जानने के लिए पिछले दस साल के प्रयत्न से तैयार किये गए पुस्तक का यह पहले दस घाटों का वर्णन है|

लेखक का परिचय

डॉ. जगदीश पिल्लई एक उत्साही पाठक, लेखक और सच्चे शोध विद्वान है जिनका का जन्म भगवान शिव के नगरी वाराणसी में हुआ था। वह वैदिक विज्ञान में पी.एच.डी. किया हुआ है| वह जन्मजात गुणों, रचनात्मक विचारों और कई उल्लेखनीय उपलब्धियों के साथ एक बहुआयामी पॉलीमैथ है। यद्यपि उनकी जड़ें "गॉड्स ओन कंट्री" (केरल) तक फैली हुई हैं| वाराणसी के निवासी उन पर गर्व महसूस करते हैं और उन्हें वाराणसी के एक बच्चे के रूप में मानते हैं जो बिना किसी अपेक्षा के हर व्यक्ति की जरूरत को पूरा करता है। उनकी प्रोफाइल के गहन अध्ययन से पता चलता है कि उन्होंने कामयाबी के कई सारे पंख जोड़े हैं जो उन्हें काफी अनोखा बनाते हैं। वह निम्नलिखित विषयों में चार बार गिनीज बुक ऑफ वर्ल्ड रिकॉर्ड धारक हैं:

(1) "स्क्रिप्ट टू स्क्रीन" जो उन्होंने कनाडा के लोगों द्वारा पहले के सेट रिकॉर्ड को तोड़कर कम से कम समय के भीतर कला एनीमेशन फिल्म का निर्माण और निर्देशन करके हासिल की। उनके नाम पर कई राष्ट्रीय और अंतर्राष्ट्रीय पुरस्कार और सम्मान भी हैं।

(2) पोस्ट कार्ड की सबसे लंबी लाइन जो उन्होंने 16300 पोस्ट कार्डों द्वारा भारतीय डाक दिवस के 163 साल के अवसर पर की है। यह कार्यक्रम भारतीय ध्वज के बारे में एक प्रश्नावली से भी जुड़ा था।

(3) सबसे बड़ा पोस्टर जागरूकता अभियान - यह "बेटी बचाओ - बेटी पढाओ" विषय पर जागरूकता अभियान तैयार करके प्राप्त किया गया था।

(4) सबसे बड़ा लिफाफा - प्रधानमंत्री की पहल 'मेक इन इंडिया' को श्रद्धांजलि के लिए - उन्होंने रद्दी कागजों का उपयोग करके लगभग

4000 वर्ग मीटर का लिफाफा बनाया है।

(5) भारत के सत्तरवें स्वतंत्रता दिवस को मनाने के लिए 210 किलो के केक पर 70000 मोमबत्तियां जलाकर वर्ल्ड रिकॉर्ड्स इंडिया में दर्ज अपना नाम दर्ज किया।

(6) सारनाथ के धमेक स्तूप पर 17 भाषाओं में डबिंग करके एक वृत चित्र बनाया है जिसका परिणाम गिनीज वर्ल्ड रिकॉर्ड्स से प्रतीक्षारत है।

• वे गीता शिक्षण में बहुमुखी प्रतिभा के धनी हैं। युवा पीढ़ी उनके गीता शिक्षण से प्रेरित है और उन्होंने अपने निरंतर प्रेरक, प्रोत्साहन और शिक्षाओं के माध्यम से कई युवाओं के जीवन को बदल दिया है।

• उन्होंने गायत्री मंत्र को 1000 अलग-अलग धुनों में गाया है।

• उन्होंने 108 अलग-अलग धुनों में हनुमान चालीसा को गाया है।

• उन्होंने सैकड़ों संस्कृत भजन, देशभक्ति गीत आदि की रचना और गायन किया है।

• उन्होंने कई सरकारी जागरूकता अभियानों के लिए कई लघु फिल्मों और वृत्तचित्रों का लेखन और निर्देशन किया है।

• उन्होंने वीडियो और फोटोग्राफी के माध्यम से विभिन्न मुद्दों पर जागरूकता अभियान फैलाने के लिए यूपी पुलिस और केरल पुलिस को स्वैच्छिक सेवाएं दी हैं।

वह भारतीय संस्कृति, भारतीय मंदिरों और असाधारण लोगों के जीवन पर हजारों किताबें लिखने की राह पर हैं।

यह विश्वास करना कठिन है कि उन्होंने एक विशेष शहर (वाराणसी) पर 100 से अधिक वृत्तचित्रों का निर्माण और निर्देशन किया है, जो अकेले एक व्यक्ति द्वारा किया गया है।

उन्होंने 25 से अधिक लड़कों और लड़कियों को विभिन्न रचनात्मक और अभिनव तरीकों के माध्यम से विश्व रिकॉर्ड हासिल करने में मदद और मार्गदर्शन किया है।

एक बहुमुखी व्यक्ति जो ईश्वर प्रदत्त आशीर्वाद का उपयोग करके अपनी बुद्धि का सबसे अच्छा उपयोग करता रहता है| इसलिए वह कई चीजों को सीखने, अनुभव करने और प्रयोग करने और भेदभाव और असमानताओं की इस दुनिया में चमत्कार करने की अपार क्षमता प्रदान करता है। .

वह एक ही समय में एक शिक्षक और एक छात्र है जो हमेशा हर दिन सीखता है और हर दिन किसी न किसी को कुछ न कुछ पढ़ाता है। एक मास्टर के तौर पर उनकी कमजोरी यह थी कि वह कभी किसी खास विषय पर नहीं टिकते। शायद यही कमजोरी उसे किसी भी क्षेत्र में महारत हासिल करने की ताकत देती है।

उनका प्रत्येक दिन एक नया विषय सीखने के साथ शुरू होता है और वह अपना अधिकांश समय प्रयोग और शोध करने में व्यतीत करते हैं।

वह एक निस्वार्थ सामाजिक कार्यकर्ता और एक प्रेरक वक्ता भी हैं।

उनका जीवन भी संघर्ष, उतार-चढ़ाव और असफलताओं से भरा रहा है। लेकिन उन्होंने कभी हार नहीं मानी और आत्मविश्वास से भरे अपने सभी परीक्षणों और क्लेशों का सामना किया। आज वह एक सफल युवक है जिसके पास बहुत जोश और समृद्ध जीवन का अनुभव है।

उन्होंने अपनी ही धुन से पूर्ण रामचरित मानस 51 घंटे का ऑडियो गाया है। उन्होंने पूरी भगवद-गीता को भी अपनी धुन में एक लयबद्ध पृष्ठभूमि के साथ गाया है।

उन्होंने 50 अलग-अलग भाषाओं में "लोका: समस्ता: सुखिनो भवन्तु" भी गाया है।

वर्तमान में वेद, उपनिषद, पुराण, भगवद गीता आदि पर विस्तृत और वैज्ञानिक अध्ययन पर काम कर रहे हैं।

वर्तमान में, वह 'यूरेशिया डिजिटल यूनिवर्सिटी' के मानद चांसलर हैं।

पुरस्कार

चार बार गिनीज वर्ल्ड रिकॉर्ड्स में नाम दर्ज|

महात्मा गांधी विश्व शांति पुरस्कार के विजेता|

महात्मा गांधी वैश्विक शांति राजदूत|

काशी रत्न पुरस्कार|

डॉ० एपीजे अब्दुल कलाम मोटिवेशनल पर्सन ऑफ द ईयर 2017|

मदर टेरेसा पुरस्कार|

इंदिरा गांधी प्रियदर्शिनी पुरस्कार|

भारत विकास रत्न पुरस्कार|

उद्योग रत्न पुरस्कार|

विज्ञान प्रसार पुरस्कार|

पूर्वांचल रत्न पुरस्कार|

डॉ. जगदीश पिल्लई वैदिक साइंस, भगवद्गीता आदि के टीचर है| उसके आलावा लेखक, गायक, फिल्म मेकर, जेमोलोजिस्ट, आस्ट्रो-वास्तु कंसलटेंट, वर्ल्ड रिकॉर्ड कंसलटेंट, प्राणिक हीलर, स्पिरिचुअल काउंसलर, टैरो कार्ड रीडर आदि विषयों में भी महारत हासिल है|

आप आल इंडिया मलयाली एसोसिएशन उत्तर प्रदेश के चेयरमैन है एवं भारतीय मानवाधिकार एसोसिएशन के 'संस्कृति एवं संस्कार' का राष्ट्रीय सचिव भी है|

1
असी

काशी की दक्षिणी सीमा से लगा यह अस्सी चौराहा या मोहल्ला काशी की मस्ती, काशी की सांस्कृतिक एवं धार्मिक गतिविधियों तथा साहित्य एवं संगीत की बहती रसधार का प्रमुख केंद्र है।

पौराणिक कथाओं अनुसार माँ दुर्गा ने शुम्भ निशुम्भ राक्षसों का वध कर अपना खड्ग काशी की दक्षिणी सीमा पर फेंक दियाए खड्ग के गिरते ही धरती से जलधारा फुट पड़ी जो कालांतर मैं अस्सी नदी के रूप मैं जानी जाने लगी और अस्सी और गंगा के पावन संगम स्थल पर स्तिथ घाट असि घाट के नाम से विख्यात हुआ।

धार्मिक मन्यतओं अनुसार पंचतीर्थ एवं पञ्चक्रोश करने वाले तीर्थ यात्रियों केलिए यह घाट अत्यन्त महत्वपूर्ण है।

असि घाट पर लक्ष्मी नारायण का भव्य मंदिर है जिसे पंचरत्न मंदिर के नाम से भी जाना जाता है।

असि घाट से गंगा का अनुपम छटा देखते ही बनती है। काशी मैं आने वाले सैलानी बरबस ही असि घाट की ओर खींचे चले जाते हैं।

साहित्य एवं संगीत की इस परंपरा चार चाँद लगते हुए असि घाट पर प्रतिदिन सुबह.ऐ .बनारस का कार्यक्रम का आयोजन हैए जो कला प्रेमियों को बरबस ही अपनी ओर खींच लेता है। शाम की समय यह घाट सुधीजनोंए सहितयकारोंए चिंतकों एवं विचारकों से भरा रहता है।

5 वीं सदी मैं स्थापित इस घाट की महिमा आज भी अक्षुण है। असि घाट की परिधि मैं 18 वीं स्थापित जगन्नात मंदिर एवं नृसिंग मंदिर है। 19 वीं सदी मैं स्थापित संगमेश्वरए मयूरेश्वर व शुक्रेश्वर शिव मंदिर भी यही स्तिथ है।

अक्सर लोग "असी घाट" के "असी" शब्द को गणना के "अस्सी" से लेते है और गलत उच्चारण करते है बल्कि "असी" एक नदी का नाम है, गणना के "अस्सी" से कोई लेना देना नहीं है न ही यह घाट अस्सीवाँ घाट है।

Asi Ghat Old Temple

2

गंगा महल घाट

असि घाट की उत्तरी सीमा पर स्थित यह घाट गंगामहल घाट के नाम से विख्यात है। पूर्व काशी नरेश महाराज प्रभुनारायण सिंह ने यहां पर एक भव्य महल बनवाया जिसे गंगा महल कहा जाता था । घाट का नामकरण इसी महल के नाम पर हुआ।

यह महल अत्यन्त विशाल एवं मजबूत है। इस महल में चुनार के बलुआ पत्थरों पर उकेरी नक्काशी देखते ही बनती है। यह महल 16वीं सदी के राजपूत वास्तु शैली एवं स्थानीय वास्तु शैली का अनूठा नमूना है। असि घाट एवं गंगामहल के मध्य एक सीढ़ी है जो इसे असि धाट से अलग करती है। दृश्य एवं चित्रकला के विद्यार्थियों के लिए यह घाट किसी वरदान से कम नही है ।

असंख्य विद्यार्थी नित्य प्रति गंगामहल धाट पर बैठ कर अपनी कला का अभ्यास करते है। यहां दिन भर विदेशी सैलानियों की भी भीड़ लगी रहती है जो गंगा के विहंगम दृश्य को देख कर मुग्ध होते है वर्तमान में यह महल काशी नरेश महारानी ट्रस्ट के संरक्षण में है। अब इस महल में विदेशी सैलानियों के ठहरने की व्यवस्था है। प्रायः वे विदेशी जो काशी में संगीत एवं कला की शिक्षा हेतु आते है यहां रहकर अध्ययन करते है।

असी से जैन घाट तक

असी घाट से गंगा महल की ओर

3

रीवाघाट

प्राचीन समय में लालमिसिर घाट के नाम से ख्यात यह घाट 19वीं सदी के पूर्वाद्ध से ही रीवाघाट के नाम से जाना जाने लगा। वस्तुतः इस घाट एवं घाट पर बने आलीशान महल का निर्माण पंजाब के राजा रणजीत सिंह के पुरोहित लालमिसिर ने कराया था किन्तु 1879 में इस महल को महाराजा रीवा ने खरीद लिया और रीवा कोठी रीवा कोटि के नाम दिया।

यह महल अत्यन्तए विशालए सुदृढ़ एवं कलात्मक है। बलुआ पत्थर से बने इस महल की नक्काशी एवं मीनाकरी देखते ही बनती है। महल का उत्तरी व दक्षिणी तटीय कोण कई अद्र्धस्तम्भों से निर्मित है । गंगा के प्रवाह से इसकी रक्षा हेतु उत्तरी व दक्षिणी दोनों सीमाओं पर मढ़िया है। जो महल की रक्षा के साथ-साथ इसके सौन्दर्य में भी चार चांद लगाती है। कालान्तर में 20वीं सदी के उत्तराद्र्ध में रीवा नरेश ने घाट स्थित महल को काशी हिन्दू विश्वविद्यालय को दान दे दिया, जहां वर्तमान में विश्वविद्यालय का छात्रावास हैं, जिसमें मुख्यतः दृश्य और संगीत कला के छात्र रहते है और गंगा के समान्तर संगीत एवं साहित्य की गंगा को प्रवाहमान बनाए हुए है।

ध्यान लगाने और गंगा के निर्मल बहाव का आनन्द उठाने अकसर लोग

यहां आते जाते रहते हैं। शाम के समय काशी हिन्दू विश्वविद्यालय के छात्र छात्राओं का जमावड़ा यहाँ पर देखे जा सकते है।

रीवा घाट

4

तुलसीघाट

काशी के पवित्र घाटों में शुमार तुलसीघाट का विशेष महत्व है । रीवाघाट के उत्तरी भाग से जुड़ा यह घाट अनेक महत्वपूर्ण धार्मिक एवं सांस्कृतिक क्रिया-कलापों का केन्द्र है। 18वीं सदी के उत्तराद्र्ध में इस घाट को बालाजी पेशवा ने बनवाया था। कालान्तर में 1941 में बलदेव दास बिड़ला ने इस घाट का पुननिर्माण कराया।

हिन्दी साहित्य के "शशि" कहे जाने वाले महान रचयिता तुलसीदास जी ने भी यही रहकर रामचरित मानस के एक बड़े हिस्से की रचना की। काशी के संकटमोचन मंदिर के महन्त जी के आवास स्थान भी इसी घाट पर ही है। आवास स्थान से सटे तुलसी दास जी द्वारा बनाया हुआ राम मंदिर बाल हनुमान मंदिर भी है। इस घाट पर एक विशाल बरगद का पेड़ है और उसके नीचे कुछ पौराणिक मंदिरों का छत है, जहाँ बैठकर गंगाजी का नैनाभिराम दृश्य देखते ही बनता है। यहाँ की व्यायामशाला भी अति प्रसिद्ध है। इसी घाट पर रामलीला एवं नाग नथ्थैया लीला का आयोजन होता है।

इसी घाट पर प्रतिवर्ष पंचदिवसीय धुरपद गायन की भी परम्परा है।

जहां भारत के ख्यातिलब्ध धुरपद गायक अपनी सुर सरिता प्रवाहित कर लोगा को मंत्रमुग्ध कर देते है। महान साहित्य साधक तुलसीदास जी ने यही रहकर रामचरित मानस के कई खण्डों की रचना कीए यही पर 1623 में ब्रह्ममलीन हुए, इन्ही के नाम पर यह घाट तुलसीघाट के नाम से जाना जाने लगा। इस घाट पर तुलसीघाट जी द्वारा स्थापित हनुमान एवं राम मन्दिर भी है। इस पवित्र घाट की पवित्रता आज भी यहां साहित्य कला एवं संगीत साधकों के रहने से उसी प्रकार अक्षुण्ण है।

तुलसी घाट

5

लोलार्क कुण्ड घाट

तुलसीघाट एवं भदैनीघाट के बीच स्थित घाट को लोलार्क कुंड घाट के नाम से जाने जाते हैं । द्वादश आदित्यों में प्रथम आदित्यपीठ लोलार्क कुण्ड है। ऐसी जनमान्यता है कि इस कुण्ड में स्नान करने वाली निःसंतान स्त्रियों को पुत्र प्राप्त होता है और संताने की दीर्धायु होती है। प्रत्येक वर्ष भाद्रपद शुल्क षष्ठी में लोलार्क कुण्ड में स्नान का विशेष महत्व है।

लोलार्ककुण्ड की बनावट कुछ इस तरह है कि यहां पर सूर्य की किरणें सूर्योदय से लेकर सूर्यास्त तक बनी रहती है। ऊँचे- ऊँचे स्तम्भों के बीच स्थित कुण्ड का सौन्दर्य देखते ही बनता है । लोलार्क कुण्ड के समीप ही स्थित है लोलार्केश्वर शिव का भव्य मन्दिर आदि काल से ही सनातन परम्परा के निर्वाह की प्रक्रिया यहां अद्यतन जारी है। वैसे तो यह घाट तुलसीघाट एवं भदैनीघाट का ही एक हिस्सा था|

लोलार्क कुंड घाट में उतरने केलिए बहुत लम्बी सीढ़ियों का कतार बनी हुई है यहाँ सूर्योदय से लेकर सूर्यास्त तक सूर्य की किरणों का प्रतिबिम्ब देखने को मिलता है जो अपने आप मैं प्रकृति की अद्भुत छवि से हमें अवगत कराती है द्य स्थानीय लोग अक्सर यहाँ नहाने एवं घूमने

केलिए आते जाते रहते है द्य विदेशी सैलानियों के लिए भी यहाँ की प्राचीन मंदिर व उनकी शिल्पकारी हमेशा आकर्षण का केंद्र है|

लोलार्क कुंड घाट

6

भदैनी घाट

तुलसी घाट के उत्तर दिशा में स्थित है। अन्य घाटों की भांति यह भी पक्का घाट है किन्तु यहां बलुआ पत्थर के स्थान पर ईंटों से इसे ढलवा बनाया गया है। वस्तुतः यह घाट जलकल घाट के नाम से भी जाना जाता है क्योंकि यहां पर जलकल विभाग द्वारा एक बड़ा वाटर पम्प स्टेशन है जिससे सम्पूर्ण नगर को पेयजल आपूर्ति की जाती है।

श्घर पवित्र हो गंगाजल सेए गंगा दुखी तुम्हारे मल सेश् इस सुन्दर सन्देश का प्रसार करता हुआ भदैनी घाट गंगा जल के शुचिता हेतु कटिबद्ध है काशी के प्राचीनतम मुहल्लों में शुमार भदैनी मुहल्ले पर स्थित यह घाट भदैनी घाट के नाम से ही जाना जाता है।

पूर्ण रूप से जलकल विभाग द्वारा एक बड़ा वाटर स्टेशन केलिए प्रसिद्ध यह घाट पर एक छोटा पुल भी हैए जिसमें से माँ गंगा का अदभुत नजारा देखने को मिलता है द्य यहाँ पीपल की ठंडी छाव में कई लोग गंगा के अविरल धरा को निहारते हुए सुकून से कुछ पल बिताते हुए देखने को मिल सकते है|

भदैनी घाट

7

जानकी घाट

जानकी घाटप्राचीन काल में नघम्बर घाट के नाम से प्रसिद्ध यह घाट आज जानकी घाट के नाम से मशहूर है। सन् 1870 ईं में बिहार राज्य के सुरसण्ड स्टेट की महारानी रानी कुंवर ने इस घाट को पक्का करवाया। रानी कुंवर माता सीता की अनन्य भक्त थी अतः उन्होंने घाट का नामकरण माता सीता के नाम पर जानकी घाट किया।

सन् 1985 ई. में राज्य सरकार के सहयोग से सिंचाई विभाग द्वारा इस घाट का पुनर्निमाण हुआ । यह घाट बलुआ पत्थरों से निर्मित है, घाट से गलियों तक सीढ़ियां है तथा महारानी द्वारा स्थापित दो भवन एवं भगवान शिवा एवं भगवान विष्णु को समर्पित दो मन्दिर है जो आज भी उनकी धर्म व कला प्रियता की गाथा गा रहे है।

जानकी घाट पर स्थित भवनों में तीर्थ यात्रियों के ठहरने की व्यवस्था है बनारस स्टेट से सटा होने के कारण बिहार राज्य से आदिकाल से ही तीर्थ यात्री काशी आते रहे है। काशी से उनके गहरे रिश्ते को स्पष्ट करता हुआ यह घाट भगवान शिव एवं मां गंगा को समर्पित है। घाट स्थित विष्णु मंदिर वैष्णव सम्प्रदाय के लिए भी आस्था का केन्द्र है। घाट सुन्दर एवं स्वच्छ है, जहां वर्ष पर्यन्त तीर्थ यात्रियों एवं स्नानार्थियों की भीड़ रहती है। खास कर दीपावली के बाद पड़ने वाला पर्व डाला छठ पर इस घाट की

शोभा देखते बनती है। विशषेकर बिहार राज्य के इस पर्व पर स्नान एवं दान करते है एवं भगवान सूर्य को अध्र्य देते हैं।

इस घाट प्राचीन जानकी मंदिर के कुछ अंश देखने को मिलते हैं जो की बड़ी ही जर्जर स्तिथ में हैंए उसका मुख्य द्वार हमेशा बंद रहता है ओर एक छोटा द्वार कभी कभी आरती केलिए खोला जाता है द्य यह मंदिर बस इतिहास के पन्नों मैं ही जिंदा है|

जानकी घाट

8
आनन्दमयी घाट

जानकीघाट एवं वच्छराज घाट के बीच स्थित घाट माता आनंदमयी घाट के नाम से प्रसिद्ध है। प्राचीन काल में यह घाट इमिलिया घाट के नाम से प्रसिद्ध था। यह स्थल महिला तपसिवनी माता आनंदमयी की कर्मभूमि रही। 1944 में माता आनंदमयी ने अंग्रेजों से घाट की जमीन खरीद ली और वहां घाट एवं घाट पर एक विशाल आश्रम का निर्माण कराया। इस आश्रम में उन्होंने माता अन्नपूर्णा व भगवान शिव को समर्पित दो मंदिरों का भी निर्माण कराया।

इस आश्रम प्रांगण में एक विशाल यज्ञशाला भी है। जहाँ नित प्रति धार्मिक अनुष्ठान आदि होते रहते है। माता आनंदमयी आश्रम में अनेक लड़कियां रहकर शिक्षा ग्रहण करती हैं द्य गुरूकुल परम्परा के अनुसार इन्हे मुफ्त आवास, भोजन एवं वस्त्र आदि आश्रम की ओर से प्रदान किया जाता है। सन् 1988 में राज्य सरकार ने घाट का जीर्णोद्वार कराया द्य आज यह घाट काशी के अन्य घाटों की ही भांति पुण्य सलिला माँ गंगा की शोभा को बढ़ा रहा है और साहित्य एवं संगीत की धारा को अग्रसर कर रहा है।

आदि काल से ही काशी में समस्त जम्बुद्वीप से अनेकानेक की संख्या में संत, महात्मा, साहित्य व संगीत साधक, विदुषियां, विद्वान आते रहे है व यही रहकर अपनी संस्कार को धार देते हैं, ऐसे ही महान विदुषी एवं साधिक रही है माता आनन्दमयी। जिनकी जीवनी एवं सेवा भाव की चर्चा आज भी काशी वासियों केलिए अत्यंत प्रेरणादायक है|

आनंदमयी घाट

9

वच्छराज घाट

माता आनन्दमयी घाट एवं जैन घाट के बीच स्थित यह घाट वच्छराज घाट के नाम से जाना जाता है। 18वीं सदी के उत्तराद्र्ध में काशी के प्रमुख उद्यमी वच्छराज ने इस घाट का निर्माण कराया था जिसका जीर्णाद्वार 1965 में राज्य सरकार द्वारा कराया गया।

गंगा तट से गलियों तक बनी सुद्दद्ध सीढ़ियों पर तीन देवकुलिकाएं है जिसमें शिवजी, गणेशजी एवं मां गंगा की मूर्ति स्थापित है। साथ ही घाट के ऊपरी भाग पर तीन मंदिर है जिनमें माता आनंदमयी द्वारा स्थापित गोपाल मन्दिर के साथ ही अक्रूरेश्वर एवं सुपाश्र्वनाथ श्वेताम्बर जैन मन्दिर है।

इतिहासकारों के अनुसार जैन धर्म के सातवें तीर्थकर सुपाश्र्वनाथ का जन्म वर्तमान भदैनी मुहल्ले में ही हुआ था। अतः यह घाट हिन्दू धर्म के साथ-साथ जैन सम्प्रदाय से सम्बन्धित धार्मिक गतिविधियों के लिए भी महत्वपूर्ण है। यही कारण है कि जैन सम्प्रदाय के लोग वर्ष पर्यन्त यहां आते है। घाट से होकर गली तक पक्की सीढ़ियों के दोनों तरफ स्थापित मन्दिर घाट की शोभा बढ़ाते है तथा यहां स्थित भवनों पर बने देवों के चित्र पुराणों में वर्णित कथाओं को उद्धृत करते है।

असी से जैन घाट तक

वच्छराज घाट

10

जैन घाट

वच्छराज एवं निषाद राज घाट के बीच स्थित जैन घाट एक समय बच्छराज घाट का ही अंग था द्य मगर अब इस घाट स्वतंत्र रूप से जैन घाट के नाम से विख्यात है। इस कच्चे घाट का निर्माण जैन धर्मावलंबियों ने 1931 में कराया तथा इसे जैन घाट का नाम दिया।

जैन घाट पर जैन तीर्थकर दिंगबर सुपाश्र्वनाथ का मंदिर स्थापित हैए जहां जैन धर्म के लोग पूजा अर्चना करते है। जैन सम्प्रदाय के लोगो के लिए यह घाट अत्यन्त पवित्र तीर्थ स्थल के लिए जाने जाते है द्य 1855 ई. मे यहां पर स्ाापित नागर शैली शिखर वाला दिगंबर जैन मंदिर अत्यन्त आकर्षक एवं वास्तु की दृष्टि से भी महत्वपूर्ण है। मंदिर का उन्नत शिखर जैन सम्प्रदाय के समृद्धि की पहचान है वही मन्दिर के अन्दर सुपाश्र्वनाथ के पदचिन्ह एवं मण्डप में विद्यमान उनकी मूर्ति जैन सम्प्रदाय के आस्था का केन्द्र है मन्दिर के प्रथम तल पर स्थित बुर्ज से माँ गंगा की अनुपम छटा देखने को मिलती है।

घाट का दक्षिण भाग स्वच्छ है जहाँ विशेषतः जैन संप्रदाय के लोगों स्नान पूजा आदि करते हैं।

भारत के मुख्य धर्मों में से एक जैन धर्म हैंए जिसके मुख्य रूप से दो शाखायें हैए शवेताम्बर एवं दिगंबर द्य भारत के मूल सिद्धांत अहिंसा पर सबसे अधिक महत्व देने वाला धर्म जैन धर्म है द्य इस घाट पर आने से हम इन धर्म के सिधान्तों के बारे में विस्तृत जानकारी प्राप्त कर सकते है और अपने जीवन में उन मूल्यों का अनुकरण करने का प्रेरणा प्राप्त होता है |

इस घाट पर ठहलते हुए हमें एक अदभुत शान्ति का अनुभव होता है|

जैन घाट

दस दस घाटों का वर्णन अगले पुस्तक में आपको पढ़ने को मिलेगा|

काशी के बारे में या लेखक के बारे में अधिक जानकारी के लिए whatsapp, या ईमेल कर सकते हैं|

काशी में सुगम दर्शन के लिए एवं कई पौराणिक चीज़ों का जानकारी एवं दर्शन के लिए भी लेखक आपका मदद कर सकता है|

स्कंद्पुरण के काशी खंड में वर्णित काशी के 12 ज्योतिर्लिंग दर्शन भी एक ही दिन में कर सकते हैं|

संपर्क सूत्र
9839093003 - myrichindia@gmail.com

www.ingramcontent.com/pod-product-compliance
Lightning Source LLC
La Vergne TN
LVHW041636070526
838199LV00052B/3402

9798888494097